# El libro ( la
# Car



## Un Recorrido Completo por las Mejores Técnicas, Herramientas, Precauciones de Seguridad y Consejos para Empezar sus Primeros Proyectos de Carpintería

**Woody Brown**

# Índice de contenidos

# INTRODUCCIÓN

*Gracias por comprar este libro.*

Hay algunas cosas esenciales que hay que aprender como principiante en el trabajo de la madera, y espero que esta guía de trabajo de la madera le ayude a evitar enfrentarse a todos los posibles escollos.

No se preocupe: todo el mundo empieza en algún sitio a ser carpintero. La primera vez que se coge un martillo, la mayoría de los individuos no se convierten en maestros carpinteros. Puede ser molesto sentirse frustrado al principio, pero pronto podrá crear cosas que nunca creyó posibles con un poco de práctica.

Muchos principiantes fracasan porque nunca se tomaron el tiempo para aprender los fundamentos de lo que necesitan saber al crear madera. Siempre les gusta competir con alguien que tiene experiencia y se preguntan por qué están tan atrasados. Sin embargo, en la mayoría de estos casos, ¡se suele ver a alguien con más de 30 años de experiencia y práctica!

Cuanto más tiempo estudie los fundamentos y practique las habilidades, más resultados significativos podrá obtener, como la mayoría de las aficiones o incluso las carreras. Todas las habilidades se desarrollarán rápidamente si tienes paciencia y compromiso.

Cuando pongas en práctica tus conocimientos de carpintería, ¡verás los resultados! Aprender estos sencillos principios ahora le ayudará a aprender pronto buenos hábitos para realizar proyectos con éxito y sin frustraciones.

Estos fundamentos le ayudarán a encontrar todo lo que necesita desde el principio hasta el final de su primer proyecto de carpintería, junto con muchos consejos útiles para garantizar que se mantenga organizado, seguro y ahorre tiempo en el camino.

## 1. Conozca su madera

### Comprensión de la madera y de las formas de construcción

Muchas personas se sumergen en un nuevo proyecto de carpintería como principiantes sin conocer los distintos tipos de madera y si son el mejor material para su proyecto.

Antes de empezar a trabajar la madera, lo primero que hay que aprender es a considerar las diferentes formas de madera y sus propiedades.

También es esencial aprender por qué la madera hace cosas. Si te preguntas por qué tus tablas se parten o por qué la madera se parte cada vez que perforas, es posible que no te hayas tomado el tiempo suficiente para entender cómo se comporta la madera en su conjunto.

El estudio de la madera le da una enorme ventaja en su trabajo con la madera y también le ayuda a prevenir errores constantes.

Algunos tipos de madera son más adecuados que otros para las empresas personales. Algunos tipos de madera pueden ser ligeros y fáciles de usar, pero otros pueden ser muy pesados. Las maderas resistentes, como el roble, le harán enfrentarse a sus retos particulares.

Hay que recordar que la madera proviene de la naturaleza, y ésta presenta varios tipos de árboles. Los numerosos tipos de madera son el arce, el pino, el roble, el álamo, el cerezo y el abedul. Algunos de estos bosques son más adecuados que otros para diversas empresas.

Dado el caso, si usted reconoce que la madera crece y se encoge según la temperatura y la humedad del clima, esto le ayudará a arreglar su madera a través de la seguridad de que su madera está en el interior antes de cortarla y construirla.

Si entiendes un poco sobre las vetas de la madera, puede ayudarte a saber un poco más sobre cómo partir y agrietar la madera.

¿Sabe también que la madera es absorbente cuando se exploran los distintos adhesivos y colas para combinar la madera? Esta consistencia también es útil cuando se quiere pintar o teñir la madera.

Además de las formas y los recursos de la madera, es beneficioso comprender cuestiones esenciales sobre la compra de madera y productos de madera en un taller de carpintería.

Desde la madera dimensional estándar hasta los productos de madera acabados, estas son las cosas que debe recordar. Otras cosas que hay que recordar son la madera fabricada bajo tensión, el contrachapado, el tablero de virutas organizadas (OSB) y el tablero de fibra de densidad media (MDF).

Al principio puede parecer desalentador, pero puede ser constructivo conocer todas sus formas de madera. Pase algún tiempo en una tienda de madera local y explore los diferentes tipos de madera disponibles. Tómese el tiempo necesario para averiguar cómo funciona la madera cuando la trata.

## 2. Establezca un espacio de trabajo dedicado

Una cosa importante que hay que tener en cuenta antes de empezar a diseñar proyectos es cómo piensa organizar y montar su sala de trabajo.

No es necesario dedicar todo el garaje a los proyectos de carpintería y construcción, pero sí es necesario disponer de los medios necesarios para almacenar cuidadosamente las herramientas y el material de construcción. Muchos proyectos de carpintería necesitan espacio - sobre todo si tienes la intención de crear cosas grandes y voluminosas, como los muebles.

Organizar y construir una habitación te ahorrará mucho estrés y tiempo.

No puedo decir cuántos carpinteros conozco que luchan sin una buena razón sólo porque son desorganizados. Quizá conozcas a alguien así: no recuerdan dónde han puesto el aparato que necesitan usar, o deben limpiar una gran cantidad de material de un proyecto totalmente ajeno para llegar a su puesto de trabajo.

Este dilema puede evitarse ahora, y los hábitos de organización saludables pueden empezar pronto. No espere a disponer de la "sala de trabajo real". Organice ahora, y podrá crear algo fácilmente en cualquier lugar. No necesitas mucho espacio, pero tiene que haber un lugar especial para organizarlo rápidamente y poder encontrarlo y utilizarlo con seguridad.

3. Respetar las herramientas y practicar la seguridad en el trabajo de la madera

Hasta que lleguemos a algo, hay que aprender a respetar las herramientas y practicar SIEMPRE el trabajo de la madera con protección.

La seguridad puede parecer repetitiva o innecesaria, pero muchas personas que "saben más" siguen acabando cada año en la sala de urgencias por no utilizar correctamente el equipo y descuidar los requisitos básicos de seguridad.

La mayoría de las lesiones pueden prevenirse, y la práctica de la seguridad no requiere tiempo adicional, sino que se trata simplemente de establecer buenos hábitos y prácticas AHORA cuando se es principiante.

4. Aprender los diferentes tipos de herramientas y sus usos

Hay miles de herramientas para sus proyectos para elegir, por supuesto, algunas herramientas son mejores que otras para algunos proyectos. Aunque puedes conocer lo básico como "destornillador" o "sierra", estos artículos pueden variar mucho, ¡ya que hay diferentes estilos!

Otra cosa que hay que tener en cuenta es si está pensando en utilizar herramientas eléctricas o manuales. Muchos trabajadores de la madera utilizan ambas, y conocer las diferentes opciones que existen le permitirá decidir cuáles son las más beneficiosas.

Existe una amplia gama de proyectos de carpintería, y hay muchas herramientas excelentes para crearlos todos. La pregunta crucial que hay que hacerse antes de comprar cualquier herramienta es ¿Qué tipo de cosas quiere construir?

Entender lo que quieres crear te ayudará a decidir qué recursos son los adecuados para tu trabajo. Te permitirá gestionar eficazmente tu presupuesto de producción e inventario.

Además de las herramientas sencillas, que son imprescindibles para cualquier trabajador de la madera, puede necesitar un montón de herramientas especializadas a cierto nivel.

- Herramientas de ebanistería
- Herramientas para la fabricación de muebles
- Herramientas para tallar madera

Le ahorrará mucho tiempo y dinero, más adelante, conocer los distintos tipos de dispositivos. Puede recordar que no necesita 12 tipos distintos de sierras: todo lo que necesita ahora es una sola sierra de mesa o un tornillo circular.

Esto nos lleva a la siguiente cosa que los trabajadores de la madera deben aprender.

5. Empieza con un proyecto y aprende a leer los planos de carpintería

Es mucho más fácil aprender con un proyecto que ha sido desarrollado y validado por primera vez. Estos planos de carpintería suelen incluir una lista de materiales y una guía de procedimiento para la construcción paso a paso de la pieza.

Los planos para trabajar la madera pueden ser difíciles de leer y entender. La mayoría de los planos para trabajar la madera incluyen una lista de materiales y el tamaño de cada pieza a realizar. Sólo esto le ahorrará mucho estrés y tiempo.

6. Comprender el proceso de elaboración de la madera

Tienes la habitación, tienes el equipo, conoces los consejos de seguridad, tienes un proyecto - ahora es el momento de profundizar en el proceso y aprender a construirlo de principio a fin.

En la mayoría de los diseños de carpintería, todos los pasos son esencialmente los mismos de principio a fin. A veces, cada vez que se hace algo diferente, se siguen los mismos pasos. Entender el proceso de trabajo de la madera le ahorrará mucho tiempo y frustración mientras construye sus creaciones.

Aunque cada carpintero tiene su rutina y su forma de hacer las cosas, normalmente siguen estos pasos en la construcción de un proyecto:

1. Elija un proyecto
2. Reunir suministros y materiales
3. Hacer una lista de cortes
4. Revisar la estrategia de construcción
5. Medir y cortar la madera
6. Montar la madera
7. Aplique un acabado protector a la madera

Después de los pasos necesarios y de la rutina, debe sobresalir un sistema exitoso para los proyectos completos. Si intentas hacer todas estas cosas simultáneamente, será más probable que cometas errores o te desorganices.

*Disfrute de su lectura!*

# PLANES PARA TRABAJAR LA MADERA CON NIÑOS

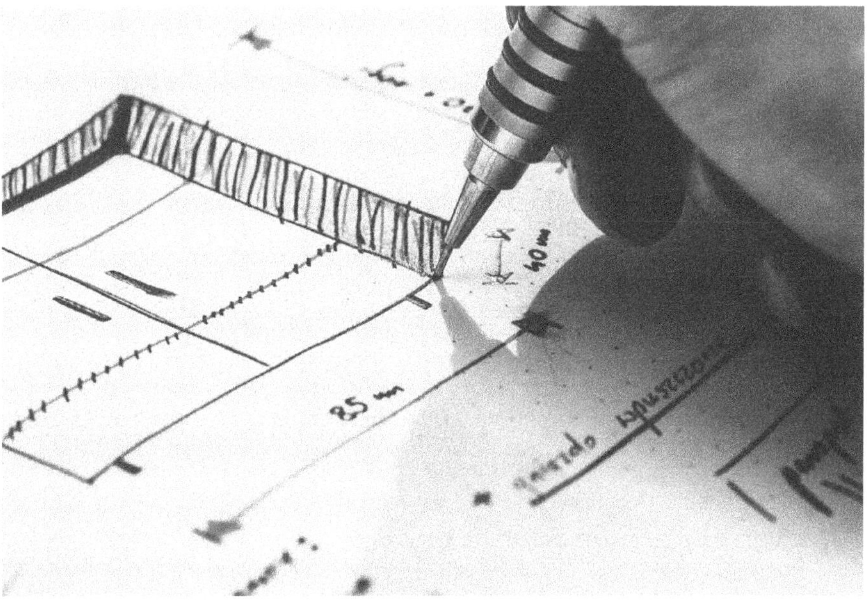

Un novato o un principiante en el trabajo de la madera hará planes sencillos para trabajar la madera. Dichos planos dan suficiente detalle para que el proyecto de madera sea mucho más fácil dc trabajar. Un gran proyecto para trabajar en madera comienza con un plan detallado. Usted puede conseguir planes de trabajo para la madera de muchas fuentes. Algunos de esos planes serán mejores que otros.

Un principiante siempre debe elaborar un plan sencillo. Si el programa no es lo suficientemente detallado, podrían perderse y abandonar. También podrían cometer errores costosos y no poder terminar un proyecto allí. Si un primer proyecto de carpintería para principiantes es una decepción, dudarán de volver a intentarlo. Considere su primer proyecto como un éxito y utilice un plan de carpintería sencillo. Con sus especificaciones precisas, hacen que trabajar la madera sea más agradable y más cómodo para leer las instrucciones.

Un carpintero principiante necesita un plan que profundice en todos los aspectos del proyecto, desde el corte de las piezas necesarias hasta la forma de unirlas y la forma de las uniones utilizadas para mantenerlas unidas. Desde la recogida de elementos de fijación y adhesivos, un planteamiento sencillo debe entrar en el detalle preciso del principiante. ¿Se clavará o se bloqueará?

¿Utiliza juntas hechas con cola para madera?

Estas preguntas deben ser respondidas por un excelente plan detallado y fácil de seguir. Un buen plan debería ayudarle en cada paso de su proyecto de carpintería.

Si estás planeando un proyecto y eres novato o principiante, consigue un buen plano. Si usted tiene un lugar en su casa que desea una pieza única de los muebles o el tamaño que no se puede construir usted mismo, un plan de carpintería fácil se puede encontrar en línea y, en la artesanía, y tiendas de hogar. Estos programas le ahorrarán tiempo y dinero.

Un buen plan de trabajo siempre estará acompañado de detalles relativos a los diseños de carpintería. Con la ayuda de estas tendencias, podría ahorrarse mucho tiempo y evitar errores. Para los principiantes, las ideas de la carpintería serían siempre los métodos fáciles que podrían ser entendidos fácilmente incluso por el first-timer. Hay varios otros requisitos a recordar al hacer el trabajo de madera como principiante; asegúrese de seguirlos todos. Tanto para el profesional de la madera como para el principiante, la planificación en un proyecto o trabajo en madera es la clave del éxito. El principiante debe dar prioridad a los detalles del proyecto, y la mayor prioridad debe darse al corte de la madera. Tendrán que trazar un mapa de todas las diferentes partes esenciales y de cómo se unirían al dominio adyacente.

Planes simples para trabajar la madera - Una gran manera de comenzar proyectos fáciles para trabajar la madera

En los últimos años, la crisis económica mundial ha hecho que muchos de nosotros tengamos que estirar nuestros presupuestos para llegar a fin de mes. Al tener que luchar por poner comida en la mesa y pagar las facturas de los servicios públicos, resulta aún más difícil gastar de forma discrecional. En todos los gastos no esenciales, buscamos la relación calidad-precio para que esos dólares rindan más.

No es difícil entender por qué tanta gente se dedica al antiguo arte de la madera. Hombres y mujeres dedican su tiempo libre a fresar, clavar y pegar en los cobertizos hermosas piezas de mobiliario hechas a mano.

Como la carpintería también es una actividad secundaria, ha sido una gran gracia para muchos hogares. No sólo ha permitido a muchos propietarios construir muebles y artículos domésticos que de otro modo no habrían tenido, sino que también ha proporcionado una salida creativa a mucha gente. La carpintería ha hecho posible que la gente trabaje con sus manos y, en muchos casos, les ha permitido aprender nuevas habilidades y producir algo hermoso y duradero.

Crear objetos cotidianos desde cero es una experiencia gratificante. Combina la sensación con la creación real de un objeto útil con la función única e imaginativa de tu mente, y sentirás que has creado algo que nadie más puede hacer. Trabajar la madera te proporciona esa sensación tan gratificante. Este tipo de arte te reta a crear muebles únicos u objetos útiles al azar. El procesamiento de la madera es un pasatiempo y una inversión en uno. Así que, si eres un profesional de la madera o alguien que simplemente busca un nuevo pasatiempo, entonces el trabajo de la madera es, sin duda, algo que tienes que probar. Siga leyendo para descubrir lo que necesita saber antes de adentrarse en la locura de comenzar el hobby de trabajar la madera.

Antes de iniciarse en el arte de trabajar la madera, hay que tener en cuenta algunas cosas. El proyecto o programa que elijas iniciar se centrará en lo bien que se te da la madera. Se basa en lo entrenado que estés en el manejo de los equipos para trabajar la madera, o en lo bueno que seas en el trabajo manual. Supongamos que ya tienes experiencia con los materiales que debes utilizar. También es posible que ya haya realizado un proyecto básico, como un pequeño armario. En ese caso, sólo cabe subir un escalón haciendo planos de madera complicados. Así que, si eres un principiante, te propongo que elijas un diseño de madera que se adapte a tu nivel de habilidad y técnica. Tu mejor opción son las mesas de centro pequeñas o los taburetes. La mejor manera de empezar es incluso un pequeño joyero. También es conveniente pedir consejo a los profesionales de la madera. De este modo, obtendrá información cuando haga las cosas correctamente, además de que la orientación de un experto es de gran ayuda en el oficio creativo.

Una vez que haya seleccionado su diseño de madera, el siguiente paso necesario es comprobar si su selección está completa. ¿Por qué debería comprobarlo? ¿No está completa? De acuerdo, esta sencilla indicación no sólo le permite ahorrar tiempo, sino también dinero. Después de haber seleccionado su plan o idea para trabajar la madera, la guía esencial para realizar realmente el trabajo es darlo todo. Por supuesto, la adquisición de las técnicas y habilidades requiere mucha práctica para perfeccionar el proyecto que tiene en mente, pero recuerde que la práctica da mucho de sí en el trabajo de la madera.

Hay cosas de las que tendrás que preocuparte si decides dedicarte a la carpintería. En primer lugar, como taller, necesitarás un lugar. Aunque puedes utilizar un espacio temporal, como una habitación libre o sacar los coches del garaje, necesitarás un espacio permanente para utilizarlo como lugar de trabajo si te tomas en serio esta afición. Puede que ya tengas un cobertizo o un taller, o que utilices tu sótano. Tal vez haya algún vecino o amigo que pueda dejarte usar algún espacio durante un tiempo y, aunque suene ambicioso, no está fuera de los límites de la posibilidad de que construyas un cobertizo como primera vez.

Sé que es justo lo que hizo mi hijo mayor. Acaba de terminar su primera casa, un excelente cobertizo, y ahora está construyendo bancos de trabajo. Me alegro en secreto de que ahora pueda sacar todas sus herramientas eléctricas de mi garaje y me deje volver a tener mi propio espacio de taller.

A continuación, necesitarás herramientas. Deberías tener ya un conjunto de herramientas necesarias, y las mejores vendrán con el tiempo una vez que estés más seguro de lo que necesitas.

Una de las formas más sencillas de averiguar lo que necesita es sumergirse de lleno en el trabajo. Muchos sitios web venden planes de proyectos para trabajar la madera, y estos planes de proyectos a menudo le proporcionarán una lista de las herramientas necesarias para competir con ese proyecto.

Una vez que disponga de un conjunto de herramientas necesarias, tendrá que idear su primer proyecto. Si tienes poca experiencia, es probable que empieces por algo pequeño. Si tiene algo de experiencia, entonces puede buscar proyectos más ambiciosos. Independientemente de lo que elija como primer proyecto para trabajar la madera, debe tener un plan. Un plan para trabajar la madera con éxito le dará toda la información e instrucciones necesarias.

En primer lugar, debe proporcionarle una lista de materias primas, tipos de madera y tamaños. Esto le permitirá salir a comprar la madera necesaria a su distribuidor local de madera.

Como principiante, puede incluso comprar madera ya cortada a medida por un pequeño coste adicional. Comprar madera cortada a medida le permite construir más rápido, y no hay nada más motivador que ver cómo su primer proyecto de carpintería se realiza rápidamente.

En segundo lugar, el plan de trabajo de la madera debe proporcionarle una lista de los accesorios necesarios. Incluye los tipos y tamaños de clavos, tornillos, tuercas y pernos, y los tipos y cantidades de cola.

Por último, el plan del proyecto debe proporcionarle un conjunto de instrucciones paso a paso. Ese es el verdadero valor de un buen plan. Te ayudará a avanzar en tu proyecto a través de un proceso lógico paso a paso, proporcionándote diagramas y acercamientos en todo momento.

De este modo, puedes construir tu proyecto tan rápida o lentamente como quieras, pero sabiendo en todo momento que estás avanzando en la dirección correcta.

Planes para trabajar la madera-Elección de los planes adecuados para trabajar la madera para principiantes

Es necesario comprobar que el producto se recomienda. Los carpinteros individuales que compraron el plan de carpintería pueden dar pistas sobre si es útil para los principiantes. Esté atento. Muchos planos de carpintería sugieren que son para el principiante, pero siguen siendo un poco complicados.

La carpintería es una habilidad divertida como pasatiempo. Puedes hacer cosas de uno o varios pedazos de madera utilizables o mostrar. Pero la capacidad de hacer diseños realmente magníficos o artículos útiles no es inherente. Requiere práctica y de la experiencia que usted conoce. Sin embargo, no dejes que eso te desanime. Puede encontrar las ideas adecuadas para trabajar la madera con los siguientes consejos que vienen acompañados de asesoramiento profesional para hacer hermosos diseños de los que puede estar orgulloso.

Tener planes de proyecto para el proyecto adecuado:

Los trabajos en madera se pueden encontrar fácilmente en Internet. Algunos de ellos son seguros, pero otros necesitan un precio mínimo. La mejor opción es continuar con pequeños proyectos de madera. Las instrucciones de los planes de proyectos de carpintería deben ser detalladas y fiables para facilitar a los principiantes el éxito de sus primeros proyectos. Sólo asegúrese de que las directrices son fáciles de seguir, y le da la lista completa de herramientas antes de descargar o iniciar un proyecto.

Compruebe que el plan está en su idioma

El maestro carpintero puede decir lo que hay que hacer a partir del plano de madera, pero las instrucciones paso a paso son beneficiosas si eres un carpintero novato. No tiene sentido intentar aprender japonés o alemán para poder entender lo que dice el plano de la madera y, lo que es peor, intentar ir dando tumbos sin tener ni idea. Si su idioma principal es el inglés, consiga un plano de madera en inglés. Hay tantos planos disponibles hoy en día en Internet y en las revistas de carpintería, que seguro que encuentras algo muy parecido en inglés.

Asegúrese de que la letra es lo suficientemente grande y sencilla para su lectura.

Adivinar si ves un 3, un 5 o un 8 puede tener efectos desastrosos. Puedes acabar con una tapa demasiado pequeña o una caja demasiado grande.

# CONSEJOS DE SEGURIDAD Y

# EQUIPAMIENTO

El trabajo de la madera implica algunas herramientas increíblemente peligrosas. Para ver esta realidad, basta con mirar cuántas películas de terror utilizan herramientas para trabajar la madera como armas. Desde títulos como El asesino del taladro, pasando por El intruso, hasta la descarnada Saw, todas estas películas ponen de manifiesto el hecho de que estas herramientas son francamente mortales. No se trata de que tenga miedo o decida abandonar el trabajo con la madera. Se trata de informarle de lo que debe hacer para asegurarse de que estará a salvo. No debes temer por la seguridad de tus hijos si ellos saben cómo cuidarse y mantenerse a salvo. Por supuesto, no van a utilizar sus herramientas de esta manera en absoluto. O, al menos, espero sinceramente que no lo hagas, porque eso sería un auténtico desastre. Pero incluso cuando estas herramientas se utilizan exclusivamente para trabajar la madera, siguen siendo peligrosas. Te arriesgas a sufrir lesiones debilitantes cuando no respetas esta cualidad y te acercas a ellas sin precaución y cuidado. Una vez más, niños, no dudéis nunca en pedir ayuda o poca asistencia o incluso supervisión. Si tenéis dudas sobre si podéis hacerlo o no, dejad que lo hagan los mayores o pedidles que os ayuden y os enseñen. Así, la próxima vez podrás hacerlo tú mismo. Más vale prevenir que curar.

## Uso de gafas de seguridad

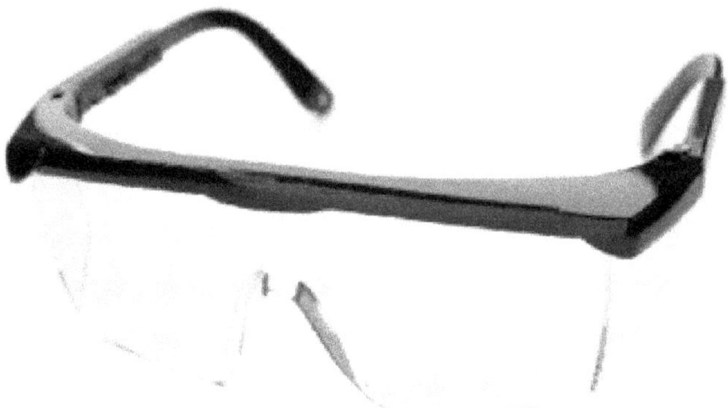

Las gafas de seguridad son necesarias para cualquier persona que trabaje con madera. Es esencial distinguir entre gafas normales y gafas de seguridad. Las gafas normales ofrecen un nivel de seguridad superior al de no llevar nada, pero no son suficientes. Las gafas de seguridad adecuadas deben tener un borde que salga de las gafas hacia la cara. Cuando se llevan puestas, este borde se apoya en la piel y forma un sello alrededor del ojo para evitar que entre algo. Pero no te preocupes por gastar mucho dinero. Sólo necesitas un par por persona en el taller de carpintería, y puedes encontrarlas por entre 5 y 15 dólares en Amazon.

Cuando estamos cortando o lijando madera, se levantan muchas motas de polvo que circulan por la habitación. Las gafas de seguridad le ayudarán a mantener este polvo alejado de sus ojos. Es esencial por múltiples razones. La primera es el hecho evidente de que esto provocaría una grave irritación del ojo hasta el punto de que necesitarías lavarlo. A pesar de ser trozos de materia tan pequeños, esto puede causar arañazos en la córnea. Pero, ¿qué ocurre cuando te entra algo en el ojo? Empieza a llorar, se empieza a parpadear mucho y se hace difícil ver. Si tenemos en cuenta que esto ocurre cuando utilizamos equipos para trabajar la madera, debería quedar claro por qué una pequeña reducción puede ser peligrosa.

Además, a menudo tenemos una respuesta física instintiva al recibir algo en el ojo. Para la mayoría de nosotros, esto sucede sin siquiera pensarlo. Nuestras manos vuelan hacia los ojos y tratamos de sacar lo que nos irrita. Cuando se trabaja con una herramienta, nunca hay que moverse sin ser consciente de ello. Esa es una receta para cortarse accidentalmente los dedos en la sierra o algo peor.

### Usar una máscara antipolvo (incluso con la ventilación adecuada)

Cuando montamos nuestro taller de carpintería, hablamos de lo importante que es tener una ventilación adecuada. Esto ayuda a reducir la cantidad de polvo y partículas en el aire, además de ayudarnos a reducir los olores nauseabundos asociados a la aplicación de un acabado. Sin embargo, una ventilación adecuada no sustituye la necesidad de llevar una máscara antipolvo. Por el contrario, debe considerarse parte de sus precauciones de seguridad, pero sólo un aspecto. Para afirmar realmente que está seguro, necesita combinar la ventilación y la mascarilla. ¿Por qué?

Para tener una referencia visual fácil, imagine una habitación llena de humo, no tanto como para que no se pueda ver, pero sí lo suficiente como para que cuelgue en el aire. Ahora, añada un ventilador a esa habitación para que se ventile. Cuando se enciende el ventilador, el humo empieza a ser arrastrado por el aire. Pero no todo. Notarás que algunas partes van en sentido contrario, algunas salen hacia los lados y se extienden más. Lo que ocurre es que el aire de la habitación se desplaza. Por lo tanto, habrá menos humo en un lugar determinado, pero no lo desplaza fuera de la habitación de manera uniforme.

Ahora imagine que ese humo es serrín o polvo de lijado que se ha levantado en el aire. El ventilador se alejará en su mayor parte, pero no se hará de manera uniforme. Por el contrario, irá en su mayor parte en esa dirección, pero las partículas seguirán yendo por todas partes. Esto significa que, si bien hay una posibilidad significativamente reducida de inhalar este polvo, no la reduce al 0% como querríamos. Desgraciadamente, no podemos conseguir un 0% ni siquiera con una mascarilla, pero sí podemos conseguir un riesgo tan bajo como un 5%.

Lo que hace una mascarilla antipolvo es cubrir la boca y la nariz con el tejido de la mascarilla (o el plástico si lleva una mascarilla antigás). De la misma manera que las gafas de seguridad crean un sello alrededor del ojo, una máscara antipolvo adecuada debe ser rígida en los bordes y ajustada a la cara para crear un sello alrededor de la piel. Esto evita que las partículas se introduzcan en las grietas y es una de las formas en las que una máscara antipolvo funciona de forma más eficaz que si simplemente se levanta la camisa sobre la boca y la nariz. Otra forma en la que una mascarilla antipolvo ofrece una mejor protección es en las capas del material del que está hecha. Una mascarilla antipolvo no debe ser de una sola capa de tejido, sino que es preferible que tenga al menos dos capas. Las partículas pueden atravesar la primera capa, pero la segunda las detiene. Por supuesto, no son perfectas. No importa cuántas capas de tejido utilicemos, las partículas de polvo pueden atravesarlas. Matemáticamente, no podemos eliminar las posibilidades de que esto ocurra, hagamos lo que hagamos. Pero reducimos el riesgo todo lo humanamente posible.

## Utilizar protección auditiva

Cuando esté atornillando o martillando o lijando a mano, no tiene que preocuparse por el nivel de sonido. Va a estar perfectamente bien exactamente donde está. Pero una vez que empiezas a trabajar con herramientas eléctricas, el nivel de ruido se dispara exponencialmente. Mucha gente no lo tiene en cuenta cuando empieza a trabajar la madera, así que nunca se molesta en comprar protección auditiva. Es decir, no hasta que empiezan a notar que su audición se ha deteriorado.

### Use botas con punta de acero

La cuestión que primero viene a la mente cuando se habla de la protección de los pies es la de los clavos y otros objetos afilados que a menudo se pierden en un taller de carpintería. Clavos, trozos de madera afilados, tornillos, todo tipo de cosas que pueden clavarse tienen la costumbre de acabar en el suelo del taller de carpintería. Pero esto es sólo una parte del problema. Estos atacan a los pies de abajo a arriba, pero queremos que nuestros dedos sean de acero para protegernos de arriba a abajo. Estamos tratando con herramientas pesadas y madera pesada. Éstas podrían romper fácilmente el pie en mil pedazos si se dejaran caer sobre él sin protección. La puntera de acero de la bota es la que más protege nuestros dedos, pero también ayuda a que la bota mantenga mejor su forma. Hace falta mucho más peso y presión para que un objeto que se caiga abulte la bota hacia dentro y aplaste el pie. Para ver esto en acción, coge una bota con puntera de acero y una zapatilla de deporte y pisa las dos para ver cuál pierde antes su forma.

### Usar guantes de protección

Ya hemos cubierto muchas piezas del equipo de protección que deberías llevar, pero hay una más. Los guantes de protección son estupendos para evitar las astillas, pero también es esencial llevarlos cuando se corta madera. Sin embargo, depende de la herramienta con la que se trabaje.

Es mejor usar guantes para utilizar herramientas que no sean circulares. Un dispositivo circular corre el riesgo de atrapar el guante durante la rotación y arrastrarlo hacia la hoja. Es lo contrario de lo que queremos. Así que, aunque los guantes de protección son esenciales, deben quitarse para estas herramientas. Pero si la hoja no es circular, entonces son bastante útiles.

**Barrer siempre antes de salir del taller de carpintería**

El primero puede parecer más un consejo de limpieza que de seguridad, pero lo cierto es que ambos son iguales. Cuanto más desordenado esté nuestro taller de carpintería, más probable será que pisemos clavos o astillas. Cuanto más sucio esté, más probable será que nos tropecemos o nos caigamos. Y no hace falta que te diga lo peligroso que puede ser tropezar en una habitación llena de herramientas eléctricas.

Debe barrer el suelo antes de salir, cada vez que utilice su taller de carpintería. Incluso recomendaría barrer entre el uso de una herramienta y la siguiente. Mucha gente considera que esto es demasiado trabajo, pero yo lo mantengo. Si barres al salir, sabrás que el taller está limpio la próxima vez. Sin embargo, el suelo puede quedar demasiado desordenado durante una sesión concreta en el taller. Si pasas de una herramienta a otra sin limpiar, sigues corriendo el riesgo de tropezar. Sólo que esta vez, corres el riesgo mientras también utilizas activamente una herramienta. Esto lo hace aún más peligroso.

Desenchufe la maquinaria después de usarla

Se alarmaría de la cantidad de personas que dejan sus herramientas enchufadas después de usarlas. Tal vez sea justo dejarlas así, sobre todo si los enchufes son difíciles de alcanzar. Pero si son difíciles de conseguir, debería comprar un cable de extensión corto para facilitar la tarea. Sólo recuerda mantenerlo tapado y fuera de la vía pública en la medida de lo posible.

El problema de dejar las herramientas enchufadas por razones de seguridad es bastante sencillo. Cuando se apaga un aparato, se puede pensar que ya no es una amenaza para la seguridad. Pero lo único que hace falta para encender muchos es apretar el gatillo o pulsar un botón. Hay muchos informes de personas que han resultado heridas por dejar accidentalmente una herramienta enchufada. Algunos tropiezan y las activan. Otros están moviendo un objeto pesado y retroceden hasta ellas. Sea cual sea la causa, esta amenaza puede eliminarse simplemente enchufando sólo las herramientas que vaya a utilizar inmediatamente. Teniendo en cuenta que sólo tenemos dos manos, es probable que se trate de una sola herramienta a la vez.

Evitar la ropa suelta

Puede parecer que va en contra de la imagen típica de los hombres trabajadores con sus camisas de leñador y sus mangas largas. Aunque es una gran idea tener mangas largas, siempre deben ser ajustadas. Si no lo son, hay que saber utilizar imperdibles para recogerlas y evitar que cuelguen por todas partes.

**Nunca limpie o arregle la maquinaria que está encendida**

Es otra simple precaución de seguridad que se ignora continuamente, y no puedo entender por qué. Conclusión: no hay ningún caso en el que sea bueno limpiar una herramienta peligrosa mientras está en acción. Sin embargo, sucede todo el tiempo. Para ser justos, la gente no se dedica a engrasar o limpiar sus hojas de sierra cuando están girando. Pero sí utilizan sus manos para cepillar el serrín de sus sierras de mesa sin apagarlas.

# TÉCNICAS BÁSICAS Y SENCILLAS PARA LOS JÓVENES CARPINTEROS

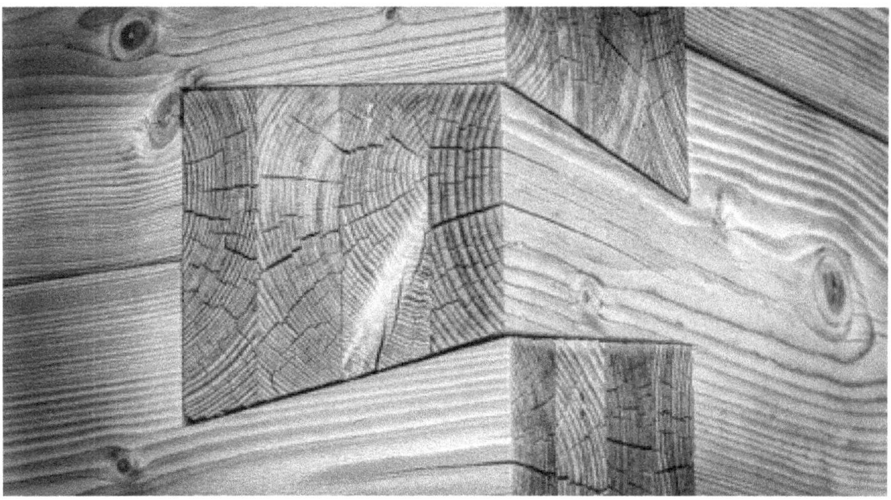

Mucha gente tiene la impresión de que el arte de la madera requiere herramientas costosas para hacer el trabajo correctamente. Esto no podría estar más lejos de la realidad. Aunque las herramientas caras pueden facilitar el trabajo, no lo hacen necesariamente mejor. Al igual que la preparación de la madera, si tiene una sierra de mesa y una cepilladora de trece pulgadas de grosor, entonces será un proyecto sencillo para usted. Sin embargo, si prefiere utilizar herramientas manuales para controlar su trabajo, tendrá que dedicar más tiempo a aprender estas técnicas. En el pasado, los artesanos trabajaban con su madera utilizando únicamente herramientas manuales antes de que las máquinas se apoderaran de la industria del mueble.

Se sorprenderá de cómo el trabajo de la madera a mano puede ser más viable y eficiente en la ejecución de obras maestras. Hay muchas técnicas evaluadas y probadas en las que podemos llegar a ser competentes para liberarnos de la necesidad de utilizar máquinas o comprar herramientas caras. Estas técnicas básicas requieren cierto esfuerzo y un poco de investigación para dominarlas.

## Comprender el comportamiento de la madera

Nunca es una idea inteligente comenzar a utilizar sus herramientas al azar sin entender cómo se comporta la madera y la dirección correcta para planificarla. Esto significa que si quiere hacer superficies planas horizontales, verticales o inclinadas en su pieza de trabajo, necesitará un conocimiento suficiente de cómo se comporta la madera. Cuando los árboles crecen, se empiezan a formar capas de anillos de crecimiento. Estas vetas pueden mostrarse bellamente en las tablas que cortamos; dicho esto, estas vetas pueden ser un obstáculo importante para las personas que no entienden la dirección de planificación ideal.

Además de la dirección del corte, también tendrá que saber cómo se expande y contrae la madera durante las diferentes fluctuaciones de humedad a lo largo de las estaciones. Por eso, todo carpintero tiene en cuenta estas propiedades naturales antes de abordar cualquier proyecto, para evitar resultados desastrosos y de despilfarro.

## La importancia del afilado

Existe la idea errónea de que la carpintería es extremadamente dura. La gente ha perpetuado este mito durante mucho tiempo, y esto es /porque/ estaban usando herramientas sin filo todo el tiempo. Está aceptado entre los trabajadores de la madera "dejar que la herramienta haga el trabajo". Si la herramienta que utilizas requiere mucho esfuerzo para hacer su trabajo, ya sea cortar, dar forma o manipular tu pieza de trabajo de cualquier manera, entonces probablemente estés utilizando una herramienta desafilada. Por ello, afilar las herramientas es una habilidad fundamental que todo carpintero debe adquirir e integrar en su rutina de trabajo. Trabajar con herramientas sin afilar no sólo supone una pérdida de tiempo y esfuerzo que podrías haber ahorrado, sino que también puede resultar muy peligroso. Aplicar el peso de tu cuerpo para cortar un trozo de madera con una herramienta desafilada puede llevar a situaciones peligrosas; cuando la herramienta finalmente se libere, perderás el control y se clavará en cualquier parte del cuerpo que se encuentre en su camino. Por ello, debe comprender el poder y la necesidad de afilar sus herramientas y cómo hacerlo para evitar riesgos y desperdiciar un valioso esfuerzo.

# Hacer un corte recto

Todo lo que necesitas para este método es un lápiz, un trozo de madera y una hoja de sierra. En primer lugar, empiece por dibujar una línea recta con un lápiz en la madera que va a cortar. También puede imprimir las líneas de corte de su proyecto y fijarlas con cinta de embalar. A continuación, alinee la hoja de sierra correctamente con el borde de su pieza de madera, justo donde dibujó la línea. Para realizar un corte recto, ten en cuenta que las sierras no cortan líneas perfectamente rectas. Tienden a desviarse ligeramente hacia la derecha. Esto significa que tienes que inclinar ligeramente la pieza para conseguir un corte recto. Por último, asegúrese de ajustar la sierra mientras corta al ángulo en el que sujeta la madera. No olvide sujetar firmemente la pieza de trabajo para evitar que se desplace o rebote en la plataforma de la sierra.

# Perfeccionar un corte curvo

Por otro lado, los cortes curvos sólo requieren que la hoja de sierra esté alineada con el borde de la madera, donde comenzará su cantidad. Al igual que en los cortes rectos, tendrás que seguir utilizando un lápiz. Esta vez, dibuja una línea curva y ondulada como el corte que quieres en la pieza de madera en la que estás trabajando. Las curvas suaves son siempre mucho más accesibles que las cerradas. Lo siguiente que tienes que hacer es empezar a cortar tu pieza, pero en un ligero ángulo hacia la parte superior de tu primera curva. Después de colocar su madera, encienda su sierra y comience a cortar la madera sin forzar la pieza contra la hoja de la sierra. En su lugar, aplique una presión suave para asegurarse de que la madera pasa por la sierra. Asegúrese de seguir girando la madera de forma suave y continua en un movimiento que imite la línea curva que ha dibujado. Este proceso requiere habilidad y paciencia. Es mejor practicar las curvas sencillas antes de pasar a líneas curvas más complejas y ajustadas.

## Ingleteado a mano

El proceso de corte de ingletes puede estropearse rápidamente sin los conocimientos y la práctica adecuados. Aunque el proceso es relativamente fácil con una buena sierra de ingletes o una sierra de corte, estas costosas herramientas pueden sustituirse por herramientas manuales cuando se aprende a manejar correctamente las uniones a inglete. Utilizaremos un ejemplo de inglete de 45 grados para explicar esta técnica, ya que es el tipo más utilizado.

Empieza marcando tus líneas de 45 grados, y luego únelas con una de 90 grados. Las primeras líneas son para saber dónde cortar, mientras que la otra sirve de guía para conseguir cortes rectos entre los ángulos de 45 grados. Asegúrate de que cortas lentamente y en paralelo a la línea de 90 grados. Con la suficiente práctica, podrás alcanzar el nivel de precisión necesario para realizar cortes perfectos de 45 grados.

## Aviones de mano

La mayoría de las herramientas de trabajo se explican por sí mismas, pero no todas pueden manejarse por intuición. Por ejemplo, los cepillos de mano pueden salir mal si no se conoce bien esta técnica básica. El filo puede quedar torcido, o se puede tener un problema con el hierro de la tapa para colocarlo correctamente. Aprender a utilizar los cepillos de mano requiere algo de tiempo y esfuerzo para entender las instrucciones y practicar el corte de grueso a fino. Aunque esto puede parecer difícil para los principiantes, con un poco de investigación especializada, te darás cuenta de que afinar adecuadamente los cepillos de mano es una habilidad sencilla y fácilmente alcanzable.

Dado que la carpintería requiere trabajar con las manos para adquirir y perfeccionar sus habilidades, inevitablemente necesitarás practicar cualquier habilidad que aprendas. Para ello, todo lo que necesitas es un viejo cepillo, después de lo cual puedes saltar a YouTube y empezar a seguir cada paso en los vídeos de instrucciones.

## Cortar colas de milano y uniones de mortaja y espiga

Utilizar la unión de cola de milano es la técnica más preferida y eficaz para unir las esquinas de los tableros para hacer cajas. Tendrá que cortar las colas, trazarlas en el tablero y luego recortar los residuos que ha trazado.

La unión de mortaja es una de las técnicas más fundamentales en el trabajo de la madera. Son el "ajuste" perfecto para unir cualquier pieza horizontal y vertical encajando ambas partes en un ángulo de 90 grados. Por ejemplo, el encaje de las barandillas y las patas de las sillas se realiza mejor encajando una espiga en la mortaja. Con la práctica regular, mejorará su capacidad para lograr ajustes ajustados sin esfuerzo. Sin embargo, es imprescindible conocer primero las diferentes formas de hacer una mortaja, así como elegir la anchura correcta de la espiga que se va a utilizar. El corte de una espiga se consigue con unos cuantos cortes rectos, tal y como se ha explicado.

## Lijado de su proyecto

Al cortar y taladrar los agujeros se producen astillas y rebabas en la superficie de la madera. Para completar su proyecto, tendrá que lijarlo y alisarlo para eliminar estas imperfecciones. Hay diferentes tipos de lijadoras, desde el papel de lija esencial hasta equipos de lijado más complicados. A continuación, le presentamos algunos de los principales tipos de lijado junto con su método de trabajo.

***Lijadoras manuales:*** Son las herramientas más sencillas y la elección perfecta para los principiantes a la hora de alisar proyectos de madera. Vienen con una placa y un mango que se puede colocar en la parte inferior de la lijadora para utilizarla. Aunque son ciertamente más baratas y accesibles, su única desventaja es que requieren una buena dosis de paciencia y tiempo para conseguir un acabado perfecto.

***Lijadoras orbitales:*** Este tipo es perfecto para lugares estrechos y pequeños. Estas lijadoras requieren mesas de lijado para un control óptimo.

***Lijadoras de banda:*** Son las lijadoras más prácticas y duraderas. Son más adecuadas para piezas grandes de superficie plana, ya que pueden trabajar rápida y eficazmente con una gran cantidad de material.

Dado que para que la pieza sea más suave es necesario que el papel de lija tenga el grano adecuado, los principiantes deben ser inofensivos y optar por un grano medio, dada su idoneidad para la mayoría de los proyectos. Comience a lijar su proyecto con movimientos largos y rectos, prestando atención a los bordes y esquinas. Asegúrate de lijar a lo largo de la veta natural de la madera para no dejar ninguna marca mala. A continuación, puede elegir un papel de lija de grano más fino para obtener resultados más satisfactorios hasta que consiga la suavidad que desea para su proyecto.

# Acabado de la pieza

Enseñar a manipular la madera y utilizar diferentes máquinas y herramientas para dar vida a su visión es una actividad increíblemente enriquecedora y gratificante. Dicho esto, tu proyecto no estará completo hasta que termines la madera.

Después de dedicar horas y esfuerzos a tu pieza de arte, sería injusto dejarla sin terminar. Por lo general, frotar la pieza con aceite no se considera una técnica de acabado adecuada para su pieza después de todo el agotador trabajo realizado. Unos acabados adecuados no sólo embellecerán su proyecto, sino que también lo protegerán y garantizarán su longevidad.

Hay muchas técnicas de acabado que puede elegir. Entre ellas, la goma laca es quizás el método más común para acabar las piezas de madera de forma impecable. Cuando le coja el tranquillo a la aplicación de estas técnicas, descubrirá que son rápidas, fáciles, muy indulgentes y reparables en su mayor parte. Como el pincel se sumerge en alcohol, ni siquiera tendrás que limpiarlo, ya que se reblandecerá. Además, tienes muchas opciones de barniz para proteger tu proyecto para su uso en exteriores.

Trabajar la madera no es sólo una cuestión de habilidad. Al utilizar diferentes técnicas, te permites conectar con una larga historia de artesanía. Dado que se trata de una de las primeras habilidades desarrolladas por la humanidad, las técnicas han evolucionado para dar forma y manipular la madera de maneras más avanzadas y sofisticadas. En última instancia, para alcanzar este nivel de competencia, tendrás que empezar por conocer y comprender estas técnicas básicas antes de empezar a desarrollar tu estilo.

# HERRAMIENTAS BÁSICAS PARA LOS JÓVENES

# CARPINTEROS

## Herramientas de montaje para trabajar la madera

Los cortes de madera y los alisados son sólo una parte de todo el proceso de trabajo de la madera. Cuando las piezas son lo suficientemente sustanciosas y lisas para su acabado, sólo hay que ensamblarlas. El éxito del ensamblaje de las piezas de madera depende de dos cuestiones: necesita uniones correctas que encajen, y también necesita el equipo adecuado para conectarlas y montarlas correctamente.

¿Cuáles son los métodos básicos de montaje para los recién llegados?

## Martillo

No existe un martillo universal para trabajar la madera. Tal vez un martillo de garra de carpintero se acerque a una herramienta de tamaño único, pero existen varias docenas de tipos diferentes de martilleo. Los martillos para trabajar la madera suelen tener dos tareas que realizar, y éstas son golpear y prizar. Lo bien que lo hagan depende de algunas cosas:

Estilo de cabeza con tamaño y peso facial. Muchas cabezas son planas, como los martillos. Algunas tienen caras de sujeción para sujetar clavos y elementos de fijación, como se ve en los martillos para enmarcar.

El diseño de la garra incluye la curva y el peso. Los martillos con garras largas y fuertes utilizan un borde más recto para dividir los materiales mientras se enmarcan las herramientas.

La composición del mango es fundamental para la comodidad. La mayoría de los primeros trabajadores de la madera prefieren un mango de martillo de madera o de material compuesto, ya que estos se sacuden menos al golpear. Pero a los enmarcadores les gustan los mangos de acero. Se inducen más choques, pero el acero añade peso, y hay más fuerza de empuje. Además, los mangos de acero no se rompen fácilmente.

El peso en general es significativo. El peso del martillo se mide en onzas. Los martillos pesan entre 8 y 10 onzas. Los martillos intermedios pesan entre 16 y 20 onzas, mientras que los martillos pesados pesan entre 24 y 32 onzas.

La finalidad y la composición de los martillos son diferentes. Los recién llegados a la carpintería tienen muchas opciones, pero deben decidir para qué deben servir sus martillos antes de comprarlos. A continuación se presentan los principales tipos de martillos para trabajar la madera:

Los martillos son todo intención. Será su primera compra porque es muy fácil.

Los martillos para enmarcar son difíciles. Pero, para la mayoría de los proyectos, están un poco saturados.

Los martillos de guarnición son como los caballos de brad. Son para trabajos pequeños y suelen tener dos cabezas sin garras.

## Mazo

No combine las ramas con los martillos. Ambos son dispositivos para golpear, pero sus aplicaciones son totalmente distintas. Los martillos suelen ser de acero, pero algunos son de latón o plástico. Al mismo tiempo, los mazos tienen grandes cabezas de madera o cuero y mangos desmontables para adaptarse a diferentes tamaños de cabeza.

La diferencia radica en la sorpresa que producen al golpear el aire. Las mazas son mucho más pequeñas que los martillos y en lugar de producir una amortiguación. También consienten marcas excepcionales mínimas y hacen que las maletas sean ideales para golpear las juntas de madera.

Al empezar a trabajar en carpintería, debe saber que nunca debe utilizar un martillo de acero en los cinceles. El choque de los martillos de acero hace que los cinceles se claven o pinchen en la madera, dejando acabados en bruto. Sin embargo, golpear los cinceles en un maletín les permite cortar sin esfuerzo con una presión constante a través de la madera.

## Taladro eléctrico

Un taladro eléctrico puede ser el mejor amigo de los carpinteros principiantes. Sólo unos pocos artesanos antiguos siguen utilizando una llave y un pequeño o un taladro de mano. Las cajas eléctricas se utilizan para muchos propósitos en el laboratorio, por lo que no es sólo para hervir agujeros. Para probar su taladro eléctrico en otras herramientas, puede comprar todo tipo de accesorios.

Si compra su primer taladro eléctrico, debe considerar seriamente obtener un modelo con cable. Los taladros con corrientes de 110/120 voltios tienen un par motor y una resistencia mucho mayores que los taladros sin cable. Algunos pueden sentir que los cables estorban, pero nunca te dejan con una carga pesada.

Si prefieres las cajas de alimentación inalámbricas, el voltaje está clasificado. Los primeros modelos eran de 7,5 voltios, pero se actualizaron rápidamente. Incluso para los principiantes, los taladros inalámbricos de 18 voltios son la elección correcta. No son mucho más costosas que las de 14 voltios y tienen mucha más potencia.

Las brocas eléctricas también pueden clasificarse como portabrocas: los portabrocas de 3/8 "son los típicos de tamaño medio y los de 1/2". Las brocas pueden encontrarse en versiones sin llave o portabrocas que simplifican el ajuste de la broca.

## Pistola de tornillo

Los tornillos son los mejores elementos de fijación para la madera. Se agarran con fuerza y se pueden retirar cuando se desmonta, se hacen juntas temporales o se producen errores. Por supuesto, no querrá quedarse sin sus destornilladores manuales habituales, pero invertir en una pistola de tornillos fiable hace que girar tornillos sea más rápido y fácil. Las pistolas atornilladoras son increíblemente valiosas para realizar múltiples trabajos de atornillado.

Las pistolas atornilladoras son extensiones de la familia de las cajas eléctricas. La mayoría de las pistolas atornilladoras son ahora inalámbricas y cómodas. La principal diferencia entre una verdadera pistola de tornillos y una caja de potencia es la forma interior del portabrocas. Los brazos de atornillar están pensados para introducir vástagos de brocas hexagonales o de seis lados. Esto significa que el deslizamiento no existe.

# Herramientas de medición y ángulos

Dos veces dicen pesa y una vez corta: el viejo consejo del carpintero es el mejor. Cualquier otro consejo es comprar un equipo de medición de alta calidad, fiable y legible.

## Cuadros

Sin una gama de escuadras, es altamente imposible construir buenos proyectos de madera. Las grandes escuadras permiten crear y comprobar todo tipo de ángulos. La mayoría de las escuadras tienen en su superficie marcas de gravamen, lo que les ayuda a actuar como leyes de medición. Éstas son las que le conviene tener:

Escuadras de encuadre: herramientas extensas y rectangulares para grandes superficies

Pruebe las escuadras: Dispositivos más pequeños y en ángulo recto para verificar rápidamente la escuadra

Escuadras combinadas: sirven para corregir ángulos y distancias

Escuadras de velocidad: permiten comprobar rápidamente los ángulos de 90 y 45 grados

Escuadras de inglete: Lo mejor para ajustar los cortes a inglete en ángulo

Escuadras de bisel: Permiten desarrollar un ángulo existente y un patrón de transferencia

Técnicamente, las líneas, los compases y las medidas de profundidad no dan vueltas, pero son dispositivos necesarios e inestimables para el trabajo de la madera. Se unen a la otra familia de cintas y reglas.

## Cintas métricas

En el cinturón de cualquier carpintero debería haber al menos una cinta métrica.

Sin embargo, sería difícil añadir todas las cintas métricas a su cinturón, ya que existen muchos estilos. Estos son los tipos necesarios a tener en cuenta:

Cintas de acero retráctiles: son los instrumentos de medición más públicos. Tienen entre 3 y 4 metros de altura.

Cintas de bobina flexibles: puede conseguirlas en algodón o acero de más de 30 metros de longitud.

Reglas plegables: Tenga en cuenta que las reglas no tienen nombre. Son palos rígidos con cálculos de alta precisión. Algunas reglas se dividen en muchas partes.

Barras de medir y bordes rectos: pertenecen a la familia de las reglas, y son útiles para las líneas cortas y rectas.

## Otros requisitos para realizar proyectos de

## carpintería eficaces

Hoy en día, tiene una idea de las herramientas iniciales para cortar, terminar, montar y medir proyectos de carpintería. Necesita una forma de mantenerlos en marcha. El equipo de sujeción en los talleres de carpintería es esencial. El serrín y su banco de trabajo estándar son las dos mejores herramientas de mantenimiento:

## Caballos de sierra

Los caballos de sierra son una de las primeras inversiones que debe hacer como carpintero. Son simples animales de cuatro patas que se equilibran bien y soportan largas longitudes de madera y pesos pesados. Se suelen utilizar por parejas, pero muchos carpinteros conocen media docena de serruchos.

Puedes hacer tu serrín de madera rígida. Utilizar materiales reciclados es una forma económica. Pero también hay muchos artículos industriales de serrín hechos de acero, fibra de vidrio y plástico. Por lo general, la producción de aserrín no vale la pena a menos que usted quiera hacerlo.

## Banco de trabajo de calidad

Hay un coste real que hay que recordar como primer carpintero: un banco de trabajo estándar.

Sí, puedes hacer el tuyo propio con 2x4 y madera contrachapada, pero nunca conseguirás la utilidad de un banco de trabajo especializado de alta calidad que vas a utilizar siempre para cada proyecto. Aquí hay varias características a considerar en un banco de trabajo de calidad:

Construcción sólida de madera dura

Base ajustable para una nivelación precisa

Dos mordazas de diferentes tamaños

Amplia superficie de trabajo con topes incorporados

Cajones inferiores para guardar las herramientas

Libre con acceso de 360 grados

## Reparación y mantenimiento de herramientas de carpintería

Las grandes herramientas para trabajar la madera son un equipo esencial que permite a los carpinteros y a otros trabajadores de la madera trabajar con eficacia y eficiencia. Sin embargo, la calidad general de la carpintería sólo puede lograrse si estas tonterías se conservan y reparan según lo previsto. A continuación le ofrecemos una lista de las técnicas de reparación que puede utilizar en su laboratorio.

## Afilado regular

Los cinceles de madera son algunos de los grandes instrumentos de carpintería que necesitan un afilado regular. Muchas herramientas de carpintería se utilizan para cortar o hervir la madera, lo que significa que deben estar lo suficientemente afiladas para cumplir sus tareas de acuerdo con las normas. Si quiere mejorar su trabajo utilizando su equipo de perforación y corte, debe asegurarse de que un especialista los afile regularmente.

## Limpieza después del uso

Uno de los principales métodos para mantener constante la producción de su carpintería es limpiar sus herramientas después de utilizarlas. La suciedad, el barro y otros desechos podrían ser la razón por la que sus instrumentos para trabajar la madera no cortan o hierven los agujeros como se espera. Hasta su tienda, todos los dispositivos deben ser lavados a fondo y secados con un paño.

## Secar las herramientas después de usarlas

Es posible que trabaje con sus aparatos en un entorno húmedo o mojado. Tienes que asegurarte de que toda la humedad se elimine antes de guardarlos para que las herramientas estén secas. Evita el óxido que se reutiliza en mayor medida por un ambiente húmedo. El óxido nos hace desgastar la mayoría de las herramientas de carpintería dentro de una época calzada.

## Engrasar o lubricar

Para reducir o eliminar la fricción que provoca el desgaste, las herramientas para trabajar la madera deben rallarse con frecuencia. Sus aparatos serán silenciosos, lo que significa que sus actividades de carpintería son menos eficientes desde el punto de vista energético. El engrase es también un componente crítico de la protección contra el óxido, que provoca una grave corrosión de las herramientas para trabajar la madera.

## Reparación o sustitución de asas

La mayoría de los instrumentos para trabajar la madera se manejan con la mano, por lo que el mango se desgasta al cabo de un tiempo más prolongado. Actuar con una herramienta sin mango provoca ampollas y dolor en las palmas. Debes asegurarte de que los mangos desgastados se reparan y sustituyen regularmente para evitar este problema.

Como experto carpintero, usted quiere que su equipo para trabajar la madera sea productivo y tenga un precio adecuado. Sin embargo, sus herramientas para trabajar la madera sólo pueden producir resultados óptimos si se asegura de que se reparan regularmente y

# 7 PROYECTOS SÚPER FÁCILES

## 1. Organizador de escritorio

Este organizador de escritorio es súper fácil y me encanta el aspecto de la madera de palet rústica apilada, y podemos aprovechar algunos de los retales que hicimos en los otros proyectos.

Esta es una oportunidad para utilizar madera nudosa y nudosa, llena de agujeros de clavos y de carácter.

Dimensión:

- Lado del portalápices: 3 pulgadas de ancho x 3,5 pulgadas de alto (74mm de ancho x 90mm de alto)
- Frontal del portalápices: 3,5 pulgadas de ancho x 3,5 pulgadas de alto (90 mm de ancho x 90 mm de alto)
- Base del organizador de escritorio: 13 pulgadas de ancho x 3,5 pulgadas de alto (330 mm de ancho x 90 mm de alto)
- Parte trasera del organizador de escritorio: 13 pulgadas de ancho x 3,5 pulgadas de alto (330 mm de ancho x 90 mm de alto)
- Divisor central: 9,5 pulgadas de ancho x 2,5 pulgadas de alto (240 mm de ancho x 65 mm de alto)
- Frontal del organizador de escritorio: 9,5 pulgadas de ancho x 1,5 pulgadas de alto (240 mm de ancho x 40 mm de alto)
- Lado del organizador de escritorio: 3,5 pulgadas de ancho x 3,75 pulgadas de alto (90 mm de ancho x 98 mm de alto)

Procedimiento:

1. Como es habitual, buscaremos dos o tres listones para el zócalo y los dispondremos para que encajen lo mejor posible.
2. A continuación, reuniremos y empezaremos a apilar los listones y los marcos. La pila debe estar formada por piezas ligeramente más largas o más cortas para dar un aspecto aleatorio a la pila. Yo mantuve un lado cuadrado pero en el otro extremo los cortes pueden ser aleatorios. Este proyecto implicará perforar, así que

asegurémonos de que no hay clavos en cada pieza. Esto es divertido. Como jugar con bloques. Apila y vuelve a apilar hasta que tengas una forma bonita que te guste. Esta será la parte principal del soporte para bolígrafos y clips. También será uno de los lados del soporte para sobres o bloc de notas.

3. Cuando tengamos todo eso apilado, podemos marcar cualquier pieza de la base o pila para cortarla. . Córtalas a la medida y vuelve a apilarlas. Acuérdate de dejar espacio para los soportes de los sobres o cuadernos. Yo medí y corté estos también.

4. Coloca todo en su sitio y comprueba que es el diseño que deseas. Ahora es el momento de hacer cambios.

5. Llevé la pila de tablas a la prensa de perforación y perforé los agujeros como se muestra.

6. Recorté el gran espacio entre los agujeros grandes, uno por uno. Luego lijé cada pieza y empecé a pegar y clavar cada capa en la base. Algunos agujeros individuales están bien para guardar bolígrafos especiales o un abrecartas o tijeras. Un par de agujeros menos profundos en el bloque del extremo sirven para guardar pequeños dispositivos, como un pendrive.

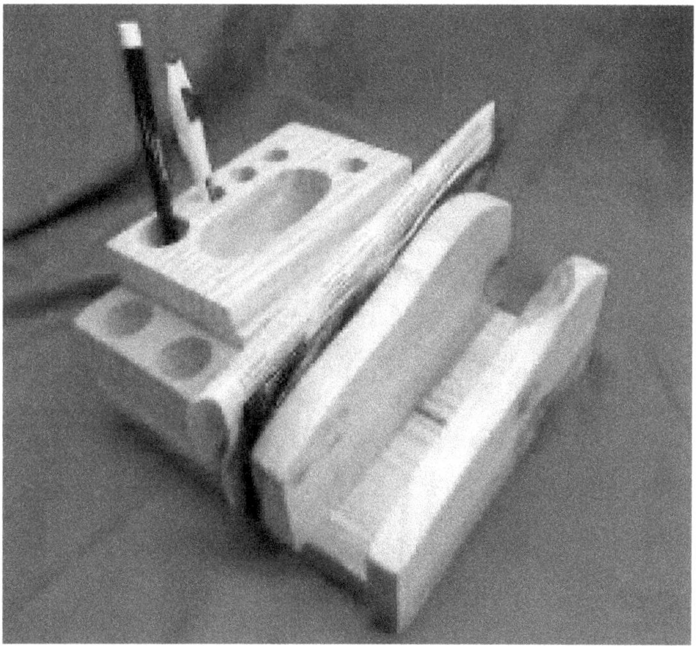

BAM! La Navidad está servida!

## 2. Juego de tres en raya

Mi conjunto incluye una tapa de madera de palet con un patrón de rejilla quemada.

Dimensión:

- Madera cuadrada de 5 pulgadas

Procedimiento:

1. Este conjunto tiene los bordes de la madera de palet redondeados.

Las juntas entre los tres listones nos dan las dos líneas verticales de la rejilla, alrededor de los bordes con un bloque de lijado grueso o una lijadora. Golpea este borde redondeado con un soplete de propano.

2. Dará un contraste de madera quemada para las líneas verticales cuando lo lijemos después. Pegue el borde de esta sección superior.
3. Cuando el tablero de juego se ha encolado, podemos cortar las líneas horizontales con la sierra de mesa y chorrearlas con el soplete. El lijado de la superficie del tablero elimina la mayor parte del chamuscado y deja líneas de contraste.

4. Para la parte inferior, he duplicado los listones y he hecho un cajón utilizando un listón más ancho y ajustando el ancho de los otros dos. El resultado es que los listones exteriores del fondo son más amplios que los listones de la sección central, lo que nos da unas guías para que el cajón se desplace.

5. Pegaremos esto para que un cajón se deslice sobre los listones inferiores. Corta esta parte central del cajón un poco más corta, recorta dos huecos para las piezas de juego con una sierra de punta y sujeta los dos listones centrales. Yo perforé un agujero de una pulgada en el listón central inferior para utilizarlo como tirador del

cajón.

6. Las piezas cortadas se pegan en la parte superior junto con los listones laterales. Observa los separadores de cartón para que el cajón se deslice libremente.

7. Repetiremos este paso, pegando y clavando la capa inferior de listones a los que hemos pegado antes. Le damos la vuelta y encajamos el cajón.
8. Compré una pequeña bolsa de malla de cuentas de vidrio variadas en la tienda de un dólar que me proporcionará suficientes piezas de juego de diferentes colores para este juego y el siguiente proyecto. Para el juego del tres en raya, cinco piezas azules y cinco transparentes serán perfectas.

9. También puedes encontrar diez pequeñas rocas planas de dos colores diferentes o recoger piezas de cristal de mar en color claro y verde o incluso utilizar monedas de un céntimo para un jugador y de diez céntimos para el otro. En cualquier caso, cada jugador necesita cinco piezas.

Otra variación es hacer sólo el tablero de tres en raya y una caja separada con una tapa deslizante para las piezas del juego, como haremos para el juego de abajo.

# 3. Nueve Hombres Morris

Se trata de un antiguo juego que se jugaba en la época colonial en América y que tiene raíces aún más lejanas en el tiempo, incluso antes del Imperio Romano. Los niños pueden dibujar su tablero de juego en la tierra o sobre cartón. Hay dieciocho piezas de juego de dos colores o formas.

Dimensiones:

- madera cuadrada de 5" x 5"
- 6 círculos de madera de 1" de diámetro

Procedimiento

1. Un tablero similar montado con tres listones de palet pegados en los bordes funciona bien. Debido a la naturaleza a menudo inestable de la madera de palet, he pegado este tablero de juego a un trozo de madera contrachapada fina.
2. Haremos este tablero con una caja separada para guardar las piezas. Utilizaré más cuentas de vidrio de la tienda de dólar para las piezas del juego.
3. Marcamos el patrón como se muestra a continuación

4. A continuación, haz agujeros poco profundos para marcar las posiciones de las piezas del juego.
5. Quema las líneas en la madera si te gusta lo rústico, o enmascara y pinta las líneas. Los que tengan una fresadora pueden trazar las líneas y los patrones de los agujeros. Las almas más valientes pueden trazar cuidadosamente las líneas con una navaja afilada. A mí me gusta pegar el borde metálico recto con cinta adhesiva para que no se desplace al cortar. Ten cuidado. Sujeta siempre la pieza a un banco de trabajo robusto cuando trabajes con herramientas eléctricas o de corte afiladas.
6. De todos modos, lijar, teñir, pintar, o simplemente rociar con una capa transparente para mantener el aspecto de la paleta aserrada en bruto. Me encanta Kyron o Rust-oleum Crystal Clear. Lo uso en una variedad de cosas completamente diferentes.
7. Yo hice una pequeña caja de madera para guardar las piezas del juego, pero puedes hacer un cajón como hicimos con el juego del tres en raya, o utilizar una pequeña bolsa con cordón.

## 4. Bandeja para servir

Si eres rápido como un rayo, éste puede servir el chocolate caliente y las galletas de Papá Noel en Nochebuena. Una bonita bandeja para servir siempre es útil. También es un elemento que puede colgarse en la pared como decoración hasta que tengas que servir unos huevos verdes con jamón o un té.

Dimensiones:

- La bandeja en sí tiene 19 pulgadas de largo por 13 pulgadas de ancho
- Los lados son de 1 1/2 pulgadas de alto sobre la longitud de 19 pulgadas y 3 3/4 de pulgada de alto en los extremos
- El fondo de la bandeja es un panel de 1/4 de pulgada de grosor.

Procedimiento:

1. Los cortes rectos y la sencilla unión a tope hacen que este proyecto sea rápido y fácil. La forma curvada de las piezas finales es fácil de cortar. Los recortes de las asas le dan un aspecto agradable y son fáciles de hacer con dos agujeros perforados y un corte de conexión.

2. Ensambla las mejores tablas para el fondo y el borde, pégalas juntas o simplemente ponlas una al lado de la otra para conseguir un aspecto más rústico. Rasga un listón de palet en dos aparadores en una sierra de mesa.

3. Para trabajar en las piezas finales y obtener resultados idénticos, las

uní con tachuelas en una zona de desecho antes de cortar las dos piezas finales decorativas, y luego perforé y corté las asas.

4. Este proceso, conocido como corte en cuadrilla, mantiene las cosas alineadas y da resultados más consistentes.
5. Envuelve el marco alrededor de la parte inferior y clava en la veta final de las tablas con varios clavos por tabla. Yo utilicé un clavador de 18ga, pero puedes pretaladrar y utilizar clavos de acabado delicados. Si lo cuelgas en la pared, haz un agujero poco profundo centrado en el borde inferior de un extremo. Si te gusta que las cosas cuelguen torcidas, taladra fuera del centro, lija y termina según tu estilo.

6. Teñí, limpié el exceso de tinte y dejé secar. Luego lijé ligeramente para resaltar el carácter áspero de la madera antes de rociar con un acabado transparente.

# 5. Reloj de paletas de madera

Dimensiones:

- Un palé en miniatura con listones finos de unos 25 centímetros cuadrados

Procedimiento:

1. El marco central debe tener un hueco para acomodar las tripas del reloj. Con una regla o una regla, marque el punto de intersección de las diagonales del reloj. Debe ser el centro de su reloj si las reglas de la geometría se aplican en su estado. Perfora un agujero para sujetar el motor del reloj. Es posible que tenga que afeitar la zona posterior para permitir que la tuerca encaje en el eje del cuerpo del reloj.

2. Las horas restantes están separadas por treinta grados o se miden a ojo en tercios. También puede sustituir un signo de interrogación entre los cuatro números principales y dejar que el usuario adivine la hora.
3. Una vez marcados los puntos, haz un agujero poco profundo en el lugar de cada hora y márcalo como creas conveniente.
4. Yo solía cortar las cabezas de los clavos de 16 peniques para marcar las horas, pero puedes poner tornillos de latón brillante, pegar números de un kit, pintar un punto y números, quemar madera o cualquier variación que elijas para marcar las posiciones de las horas.

## 6. Caja de limpiabotas

En cualquier caso, la caja de limpieza de zapatos es un proyecto relativamente fácil que también puede adaptarse para la limpieza de zapatillas.

Dimensiones:

- (1) 8 1/2" x 7 1/4" (pieza inferior)
- (2) 5 5/8" x 7 1/4" (piezas finales)
- (2) 3 1/2" x 8 1/2" (piezas laterales)
- (1) 2 3/4" x 8 1/2" (pieza superior)
- (2) tacos de 5/8" x 7 7/8".

Procedimiento:

1. He utilizado listones anchos para los extremos y el fondo. Puedes montar el fondo y los laterales de la caja con dos listones, pero tendrás que añadir listones de apoyo para conseguir la anchura adecuada. La mía tiene unos 30 cm de largo. Pega los bordes de las tablas del fondo y de los extremos si utilizas varios paneles para conseguir la anchura correcta.
2. Los tableros de los extremos hacen tope con el tablero del fondo, y los dos tableros laterales tienen la misma longitud que la caja completa, medida de tablero a tablero.
3. Las tablas de los extremos están unidas con un par de clavos pequeños para el corte en grupo. A continuación, marqué e hice los cortes para dos formas idénticas.
4. La altura de los aparadores define la marca del lado donde comienza la pendiente, y la anchura del listón superior, centrado en la parte superior, describe la otra marca de la pendiente.
5. Una vez cortados los extremos en forma, se clavan en el extremo de la tabla inferior. A continuación, los laterales se fijan a las tablas inferiores y a los extremos. El listón superior es mejor fijarlo con tornillos porque sirve de reposapiés y asas. Si no es así, se pega y se clava en su lugar.
6. Se ha pegado una pequeña pieza curvada en el pie, que proporciona un bonito enganche en el talón cuando se pulen los viejos oxfords. Puedes ponerte decorativo con esta pieza en una sierra de

marquetería o simplemente optar por el diseño clásico.

Las cajas de mis amigos estaban cerradas por un lado. La mayoría de ellas tenían puertas para el otro lado, que se plegaban con bisagras de cuero cuando se utilizaban, y se cerraban en la parte superior para mantener todo el equipo metido dentro.

Nuestro diseño es abierto, ya que la mayoría de nosotros no se dedica a lustrar zapatos profesionalmente en estos días, y la caja vivirá en el fondo de un armario la mayor parte del tiempo entre usos.

Como siempre, lija y acaba como te dicte tu imaginación.

# 7. Decoraciones de pie

Haremos un muñeco de nieve, aunque puedes hacer árboles de Navidad, cañas de caramelo, casas, trineos. Lo que quieras.

Dimensiones:

- Para el cuerpo - una pieza a 24" x 47-3/8"
- Para el sombrero - una pieza de 8-1/2" x 17-1/4"
- Para los pulgares - dos piezas a 1-1/2" x 3-3/4"
- Para los dedos delanteros- dos piezas de 1-1/2" x 5-5/8"
- Para los dedos del medio - dos piezas a 1-1/2" x 5"

- Para los meñiques - dos piezas de 1-1/2" x 4-5/8"
- Para las palmas - dos piezas a 1-1/2" x 6-5/8"
- Para los antebrazos - dos piezas a 1-1/2" x 9"
- Para la parte superior de los brazos - dos piezas a 1-1/2" x 35-1/2"
- Para la pieza de soporte - una a 3/4" x 3-1/2" x 23-3/4"

Procedimiento:

1. Empiezo con un buen palet con muchos listones. Corta los listones en el marco exterior pero déjalos sujetos al marco central. Corta todas las demás lamas del palet y rellena los huecos.

2. Traza tu diseño y corta con una sierra de sable. No olvides dejar el borde inferior del último listón para que quede firme cuando lo pongamos de pie.
3. Una vez que tengas el diseño calculado y cortado, dale la vuelta y añade unos tirantes en la parte trasera. Mientras está volteado, añade una tercera pata para hacer un soporte de tres puntos. Inclínala ligeramente hacia atrás del cuadrado, para que la figura se sostenga por sí sola.
4. Pega los brazos de la rama del árbol, los ojos, la nariz y los botones. Para los ojos y los botones, he cortado discos de unos 3/8 de pulgada de grosor de una rama de árbol. A continuación, haz un corte en ángulo para la nariz.
5. Lijar, pintar y colocar en la puerta.

# 8 PROYECTOS DE EXTERIOR PARA AVANZADOS

## 1. Barra con taburetes para exteriores

Puede decorar su espacio exterior con esta mesa de bar y taburetes. También es un proyecto algo fácil que puede satisfacer sus necesidades al aire libre. Usted puede divertirse con sus amigos en la noche mientras se sienta en un arreglo de este tipo. Esta disposición de la barra al aire libre es similar a la disposición, como se ve en diferentes clubes y casinos.

Primero, haz la barra con palets y píntala. Utiliza el color azul de la pintura y mantén la parte superior sencilla. En la parte superior, puedes utilizar pinturas al óleo para protegerlas. A continuación, haz los taburetes teniendo en cuenta el tamaño de la barra. Sin la medida adecuada, harás un utensilio demasiado grande o demasiado pequeño. Por lo tanto, consigue un tamaño adecuado para ambas cosas.

## 2. Banco de paletas y mesa de gaviones

Es otro fantástico proyecto de exterior para tu jardín. Con algunos palets, puedes hacer este hermoso arreglo para el jardín o el patio de tu casa. Cuando esté terminado, puedes colocar un jarrón y otras cosas diferentes en dicha mesa. Es positivamente una manera creativa de optar por su al aire libre, especialmente sus niños amarán encontrar tal arreglo. Este proyecto de la carpintería no es que mucho acogedor, pero puede decorar su patio es una manera fantástica. Para encontrar un lugar apropiado en su patio trasero para él, o bien puede hacer un arreglo de este tipo para el centro de su jardín.

Uso 15: Estantería para guardar las herramientas

- Una paleta
- Grapas
- Malla de gallinero de 4' x 4'
- Seis perchas de alambre
- Cadena duradera
- Pernos y tuercas de gancho de cierre de 2 1/4 x 4".
- Cuatro arandelas con pernos
- Ganchos en forma de S
- Sierra circular y martillo
- Sacaclavos y clavos
- Taladro y destornillador de cabeza

- Pistola de grapas y cortaalambres
- Cinta para medir

INSTRUCCIONES:

1. Corta las paletas y retira la barra central de la paleta. Dividir cuidadosamente la madera y medir las piezas divididas.
2. Corta el alambre adicional utilizando un cortador de alambre y dobla el alambre restante para suavizar las esquinas afiladas. Coge las barras de madera y fija la malla de gallinero con la ayuda de tornillos y utiliza una pistola de clavos para mejorar las paletas de madera.
3. Fija la cadena a lo largo, y luego cuelga el perchero en un ángulo de unos 45 grados con pernos de gancho en la pared. Tu rejilla para macetas está preparada, y ahora puedes utilizar pernos para fijar el bastidor en un punto al que puedas acceder y crear un soporte adicional.
4. Puede colocar ganchos en forma de S en el cable de la percha para poder colgar ollas y sartenes en los ganchos. Tenga en cuenta que estos ganchos pueden llevar un artículo ligero, pero puede beneficiarse de un almacenamiento adicional.

## 3. Lugar para las macetas

Es otro arreglo oxidado para su exterior. Puedes probarlo también para satisfacer las necesidades decorativas de tu patio. Decida sobre cualquier pared de su jardín y haga un panel de pared de palets. A continuación, monta algunas cajas de macetas con la pared. Haz las cajas de macetas con los palets del mismo tamaño, como se muestra a continuación.

## 4. Casa de los pájaros

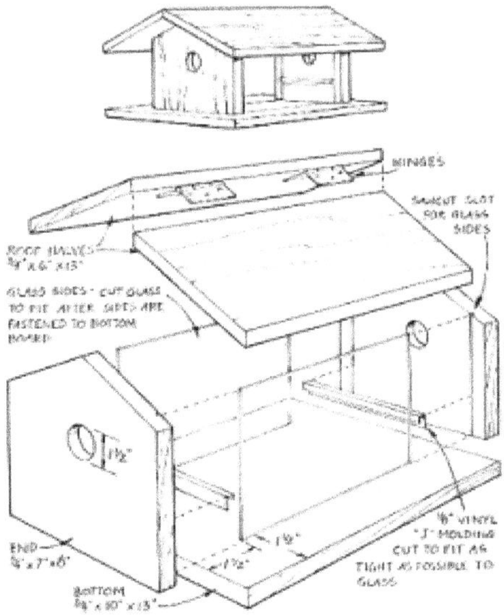


Si desea diseñar una casa para pájaros, usted puede obtener la ventaja de la madera de palet. Usted puede seguir los planes dados y el proyecto para desarrollar su casa para pájaros. Usted tiene que crear una puerta en el borde inferior de la pieza frontal, pero el punto a través de un lápiz. Usted puede cortar el rectángulo o puerta redonda.

Alinee el panel trasero y los paneles de ambos lados y repare con un clavo y martillo la longitud de los paneles lateralmente. Ahora asegure el panel frontal con clavos electrificados a martillo.

Es el momento de fijar el marco de madera en la parte superior de la pieza más baja y fijarlo con dos o tres clavos en cada esquina. Mantenga un panel plano en su lugar con martillo y clavos y manténgalo seguro. Completa las construcciones adhesivas y deja secar la casa para mascotas.

## 5. Contenedor de paletas para abono y plantas

- Piezas de 8 pies de pino de 1 x 4, dos tablas
- Piezas de 10 pies de pino de 1 x 2, dos tablas
- Una pieza de 10 pies de pino de 2 x 2, una tabla
- Cinta métrica y pinza
- Gafas de seguridad
- Sierra circular
- Una caja de aproximadamente un tornillo de 1/4 de pulgada
- Taladro y broca 7/16

INSTRUCCIONES:

1. Usted quiere hacer cuatro paredes. Dos paredes serán construidas por una pieza de 22 pulgadas de 1 x 4, y dos paredes pueden ser diseñadas con piezas de 24 pulgadas de 1 x 4. Harás paredes cuadradas construyendo las esquinas. Fíjalas y ensambla las zonas superior e inferior.
2. Corta las secciones para la rejilla interior y perfora un tornillo en cada marco para fijarlo. Termina la parte inferior y prepara la posición superior de la misma manera. Puedes añadir sellador o pintura para proteger el bastidor.
3. Plano de asiento exterior en forma de L:
4. Es un excelente plan para sentarse al aire libre en forma de L para su patio. Al igual que otros proyectos, consiga algunos palés y

fíjelos de manera que obtengan la forma de L. Luego pinta el sofá y utiliza colchones y cojines para que sea acogedor y cómodo. Puedes ver que la mesa también está hecha con la misma madera.

5. Estas campañas de carpintería para exteriores embellecerán su espacio exterior con menos esfuerzo y dinero. Así que aprende a hacer este tipo de proyectos para decorar tu patio o zona de jardín.

## 6. Camino de paletas

- Cinta métrica
- Destornillador
- Lápiz
- Tornillos para madera
- Sierra de sable

INSTRUCCIONES:

1. En el primer paso, medirá la anchura de su camino para contar el número de palets necesarios para diseñarlo. Estos están disponibles en diferentes tamaños, por lo que debes tener en cuenta el tamaño de tu cama, y necesitarás más de un palé.
2. Debes medir la anchura de los palets y mantener uno de ellos plano (boca abajo) en el suelo. Puedes hacer una marca de lápiz en el

lugar donde quieres acortarlo.

3. Corta la madera del palet con la ayuda de una sierra de sable y elimina las secciones excesivas del palet.
4. Ahora, dé la vuelta a los palets completos y cortados (boca abajo) y alinéelos entre sí para hacer un cabecero de ancho completo. Retira la tabla sobrante y utilízala para prolongar el punto de unión de dos palets. Es el momento de clavar tornillos para madera en el tablero para fijar todas las secciones.
5. Puede mantener esta paleta en el camino.

## 7. Casa de juegos de palets

- Una hoja de madera de palet de 1/2 pulgada, de 8 pies x 4 pies
- Sierra circular y martillo
- Cinta métrica
- Borde recto
- Clavos galvanizados de 2 pulgadas
- Lápiz
- Adhesivo de construcción

INSTRUCCIONES:

1. Serrar los trozos de tablas de madera de palet para las medidas posteriores:
2. 21 x 34 pulgadas para el fondo

3. 27 x 39 pulgadas para la parte superior
4. 23 x 24 pulgadas para la espalda
5. 23 x 24 pulgadas para la parte delantera
6. 24 x 34 pulgadas para el lado
7. 24 x 34 pulgadas para otro lado
8. Tienes que formar una puerta en el borde inferior de la pieza frontal, pero márcala con un lápiz. Puedes recortar la puerta rectangular o redonda.
9. Alinee el panel trasero y los paneles de ambos lados y fíjelos con clavos y martillos a lo largo de los paneles. Ahora han protegido el panel frontal con clavos electrificados a martillo.
10. Es el momento de colocar el marco de madera en la parte superior de la pieza inferior y fijarlo con dos o tres clavos en cada vuelta. Mantenga un panel plano en su lugar con un martillo y clavos y manténgalo seguro. Añade las construcciones adhesivas y deja secar la casa para mascotas.

# 8. Cobertizo de almacenamiento para el jardín

- Cinta métrica
- Una tabla de 24 pies, 2 x 4 pulgadas
- Harina
- Jigsaw
- Mazo de goma
- 6 Reber de 4 pies
- Martillo
- Tres tramos de tubería de PVC 14, de ¾ de pulgada y 12 pies de longitud

- Polietileno 12 x 2 pies de plástico
- Uñas
- Grapas de esgrima
- Cable

INSTRUCCIONES:

1. Calcule la huella de su garaje transferible. Tienes que marcar esta zona concreta con harina. El garaje debe tener 6' de largo y 4' de ancho.
2. Puede martillar los soportes de Rebar hasta la mitad del suelo en cada esquina del garaje junto con el mazo de goma. Ahora martillea los soportes sobrantes en el suelo hasta la mitad en cada lado del cobertizo.
3. Curve cada pieza del PVC para hacer una forma de U y mantenga cada brazo de la U en el acabado del soporte de la barra de refuerzo pegado fuera del suelo.
4. Ahora pase un alambre alrededor de la curva del primer segmento de la tubería de PVC. Ahora, pasa un alambre hasta la segunda sección de la tubería y hazle sombra. Puedes extender el alambre hasta el último segmento de la tubería y cubrirlo ligeramente. Puedes crear un poste de cresta que será bueno para soportar el peso de la nieve.
5. Ahora corta la tabla en dos trozos de 6 pies y un trozo de 4 pies. Necesita madera adicional para hacer un cuadrado abierto. Usted

puede mantener este cuadrado en la parte inferior de la superficie exterior del marco del garaje de la barra de refuerzo y dejar un solo lado abierto.

6. Es el momento de tirar de la cáscara de polietileno en el pico del garaje para mantener un lado a ras de la fachada del garaje. Puedes clavarla con las tachuelas de la valla.

# CONSEJOS Y TRUCOS PARA TRABAJAR LA MADERA

## Cómo elegir la madera adecuada

Para que su obra sea duradera y de calidad, debe elegir el tipo de madera adecuado. Estos son algunos de los consejos que pueden ayudarle a elegir la madera adecuada para su proyecto:

Piensa en lo que es adecuado para lo que estás construyendo.

¿Debe utilizar madera dura o blanda? Bueno, la respuesta es que depende de lo que esté construyendo. Si está haciendo una mesa de comedor sofisticada o una cama de matrimonio, entonces la madera dura sería la elección correcta. Pero, si estás construyendo un banco de trabajo o una simple mesa de estudio, puedes optar por el contrachapado de pino.

Las maderas blandas son árboles de hoja perenne, mientras que las maderas duras proceden de árboles con flores. Aunque algunas maderas blandas son duras, suelen ser más estables y robustas, por lo que son perfectas para la construcción. Las maderas blandas, en cambio, son ideales para las tallas.

Aquí están las maderas duras más comunes:

- Ceniza roja
- Fresno blanco

- Haya
- Abedul amarillo
- Balsa
- Fresno europeo
- Cereza
- Butternut
- Kingwood
- Palo de rosa
- Sicómoro
- Corazón morado
- Teca
- Tulipwood
- Cal
- Caoba
- Nogal
- Ébano
- Arce
- Kingwood
- Roble

- Aquí hay una lista de las maderas blandas más comunes:
- Cedro
- Abeto
- Alerce
- Pino
- Redwood
- Tejo

Si su prioridad es la durabilidad, lo mejor es utilizar madera de castaño, iroko, cedro español o roble.

## Considere el precio

Si tienes un presupuesto limitado, sería una buena idea optar por la madera de pino. La madera de pino se resquebraja, pero es barata y fácil de encontrar. Intenta evitar el uso de maderas costosas como el sándalo, el ébano, el corazón púrpura y la dalbergia, pero, en la medida de lo posible, opta por lo mejor que puedas pagar.

## Compruebe las siguientes características:

Para construir un proyecto de alta calidad, sólo debe elegir la mejor madera. Al elegir la madera adecuada para su proyecto de carpintería, debe buscar las siguientes características:

Dureza - Recuerde que no todas las maderas duras son duras, ni todas las blandas son blandas. Por lo tanto, es importante comprobar la dureza de la madera y no sólo basarse en su clasificación botánica. Pero, en general, las maderas duras son más duraderas y valiosas que las blandas.

Grado - No todas las maderas son iguales, por lo que hay que fijarse en la calidad de la madera. Si quiere construir muebles de alta calidad, lo mejor es utilizar FAS, FAS 1-FACE, Sound Wormy, Selects y No. 1 Common.

## Ten en cuenta tu nivel de conocimientos.

Para los principiantes en el trabajo de la madera, lo mejor es utilizar abeto y pino. No son de tan alta calidad como el arce o la caoba, pero son más fáciles de trabajar. Por lo tanto, puede utilizar primero el pino y más tarde utilizar madera de mayor calidad, cuando haya dominado el oficio de la madera.

# DESARROLLO DE LAS HABILIDADES DE CARPINTERÍA

Estas son las habilidades que debes dominar para asegurarte de que vas a hacer una artesanía estable y perfecta cada vez que te dirijas al taller de carpintería:

1. Utilice la sierra de mano con precisión

Aunque la sierra de mano puede ser una herramienta fácil de usar, es una herramienta que puede romperse si se utiliza en el material equivocado. Algunas sierras se especializan en hacer el corte al hilo. Es el tipo de cantidad que corta a lo largo de la veta de la madera y el corte transversal. Corta a contrapelo. Esto significa que puede ser necesario comprar sierras afiladas y limadas de forma diferente para que sean más eficientes en el corte de diferentes tipos de madera.

Ahora, sigue estos pasos para asegurarte de que estás utilizando la sierra de mano correctamente:

a. Sujete la sierra correctamente.

Sujete el mango de la sierra de mano con una mano de pistola: su dedo índice debe apuntar hacia la dirección en la que pretende cortar. A continuación, el bíceps y el codo también deben estar alineados con el dedo índice. Además, también debe estar en línea con el resto de la sierra.

Su cuerpo debe estar colocado de manera que pueda mover cómodamente el brazo que sostiene la sierra hacia adelante y hacia atrás a lo largo de la línea que ha marcado para cortar. Utilice el pulgar de la mano que no se ajusta a la sierra justo en la marca donde la punta de la sierra se encuentra con la línea que debe cortar. Empuje la sierra y retírela suavemente para lanzar la hoja a la madera. Recuerde que debe utilizar toda la hoja de la sierra al cortar.

Agarre la sierra con comodidad y asegúrese de aplicar la tensión adecuada. Si la agarra demasiado floja, es posible que no pueda ejercer la presión adecuada en el brazo, y la sierra no se movería en absoluto. Sin embargo, si la agarra con demasiada fuerza, puede perder el control de la dirección de la hoja.

b. Sujetar la pieza adecuadamente.

Asegúrese de que el tablero que desea cortar esté bien sujeto en su banco de trabajo o en los caballetes de la sierra. De este modo, evitará que la pieza y la sierra se deslicen.

Si su tabla no está bien sujeta, su tabla traqueteará o vibrará mucho mientras la sierra intenta hacer el corte, lo que hará que se desvíe de la línea que quiere cortar. Para evitar que esto ocurra, sujete la pieza de trabajo con una abrazadera que sujete la madera firmemente y le proporcione la fuerza opuesta que necesita.

c. Lubrique, si es necesario.

Para que la sierra se deslice sin esfuerzo mientras corta, puede aplicar un poco de cera, como velas de té quemadas, a la placa de la sierra. Hacerlo le ayudará a proteger la hoja de sierra y a mantenerla fría mientras realiza los cortes. Cuando termine de usar su sierra de mano, limpie el serrín del borde y limpie el mango y la hoja de sierra con aceite. Esto acondicionará el material de madera del mango y evitará que la hoja se oxide.

2. Cortar con precisión productos de chapa de gran tamaño

Dado que es más probable que trabaje con chapas para la mayoría de sus necesidades de carpintería doméstica, una de las primeras habilidades que debe aprender es cómo cortar estos tipos de madera con precisión. Sin embargo, puede ser difícil cortarlas justo encima de su banco de trabajo. El truco para realizar un corte preciso es crear una regla de 8' con su sierra circular. Para ello, siga estos pasos:

**a.** Corte un tablero por la mitad o ponga dos láminas una encima de la otra y utilice el borde de fábrica del tablero superior para que le sirva de regla al arrancar una tira ancha de unas 7" de ancho en la lámina inferior. Después, ajuste el borde de la tabla superior para rasgar otra tira de 16" de ancho en la hoja inferior.

**b.** Desenchufe la sierra y mida desde la cuchilla hasta el borde de su base que encontraría debajo del motor. Deje 1" adicional a esta medida y luego fije la tira de 7" a la de 16" con un tornillo usando las dimensiones que acaba de medir.

**c.** Coloque firmemente la base de la sierra contra el borde de la tira de madera superior y luego corte el exceso de la tira de madera inferior. Apoye el trozo de madera que está cortando para evitar que la sierra se atasque. Coloque una etiqueta en el borde recto que tiene el lado aserrado.

**d.** Sujete el borde de la base en la línea de corte marcada cuando esté listo para cortar la madera. Pase el borde de la base que ha marcado para guiarse mientras corta.

3. Encolado sin fisuras para tableros de juntas

Ningún tablero es lo suficientemente recto como para ofrecer un encolado de cantos con cero huecos. Tiene que asegurarse de que los cantos son rectos para que la unión encolada sea lo más saludable posible. Para asegurarse de que los bordes de su madera stock son tan precisos a la medida como sea posible para las juntas de cola perfecta, utilice la guía recta que ha hecho en la habilidad anterior como su guía de router para enderezar las tablas que desea utilizar como piezas de las articulaciones utilizando una broca en espiral o una broca de 1/2 recta.

**a.** Mida la distancia desde el borde de la base de la fresadora hasta el borde de la broca recta.

**b.** Marque la línea que le indique la distancia desde la base de la guía hasta la guía. Después, mida ¼" desde la base hasta el lado de los residuos de esta marca.

**c.** Ajuste la altura de la fresa a un poco más de profundidad que el grosor de la base. Sujeta la guía a tus caballetes para evitar que se desplace. Ahora, sujeta la base de la fresadora contra el tope de la guía y, a continuación, fresa para alisar el borde áspero. A continuación, rotula el lado fresado y muestra la dirección en la que se ha desplazado la fresadora.

**d.** Coloque los bordes en los que ha colocado la guía cerca del borde de la pieza en la que quiere poner la cola. Deje aproximadamente 1/16" en el borde para que sirva de margen para que la fresadora corte. Sujeta las piezas en esta posición y luego fresa la tabla. Si la sierra de mesa que va a utilizar puede manejar la pieza que quiere utilizar como unión, pero el borde fresado contra la valla de su mesa y luego corte un borde recto paralelo justo en el lado opuesto. Si la pieza no cabe en su sierra de mesa, recupere la guía que está utilizando para fresar el borde.

4. Realización de uniones de mortaja y ténon

Tipo de uniones que son una de las más resistentes que se pueden crear en un proyecto de carpintería. Son ideales para hacer marcos de construcción que necesitan ser duraderos, por lo que se suelen utilizar en la fabricación de sillas y mesas.

Las juntas de mortaja y tenón son de diferentes tipos:

a. Detenido/ciego

b. En ángulo

c. Cuña

d. A través de

Aunque son diferentes, el método de construcción es el mismo. Todo lo que se necesita es producir la mortaja o una porción de madera que acepte la Espiga. La espiga, que es una construcción en forma de lengüeta en el extremo de una pieza, se ajusta a la mortaja.

La espiga puede hacerse con un hombro (la muesca cuadrada antes de la espiga) o sin él. Dependiendo del diseño de la pieza que se quiera construir. Sin embargo, una espiga con hombro tiende a esconderse menos en la mortaja que una perfecta o sin hombro.

Para crear una junta de mortaja y espiga ciega, o una junta en la que la espiga está completamente oculta en la mortaja, siga estos pasos:

**a.** Haga una marca en su tabla para indicar dónde iría la mortaja.

**b.** Seleccione la broca de cajeado que tenga más o menos la misma anchura de la mortaja. Asegúrese de que la broca de cajeado no la sobrepasa.

**c.** Coloque la pieza con cuidado con una guía para asegurarse de que la marca está justo en la posición de la broca.

**d.** Después de fijar la profundidad de corte, taladre lentamente en la pieza. Procure que el primer orificio que haga esté en un extremo de la mortaja.

**e.** Taladre otras pasadas en el otro extremo de la mortaja.

**f.** Una vez que haya terminado con la perforación, cincele o taladre el resto de la madera en la parte de la mortaja. Puede limpiar el agujero utilizando un cincel.

Para crear la espiga, siga estos pasos:

**a.** Marque los lados de la tabla que quiere convertir en espiga.

**b.** Ajuste la profundidad de corte para que coincida con el grosor de la espiga.

**c.** Alinee el corte y pase la madera por la sierra utilizando una guía de ingletes. Gire la tabla para hacer el otro lado. Tenga en cuenta que es posible que tenga que hacer otra pasada si la espiga que quiere hacer es más larga que la hoja de dado que está utilizando.

**d.** Limpie la espiga que ha hecho con el cincel.

Si quieres construir un hombro en la espiga, puedes repetir estos pasos pero poniendo la tabla de canto en lugar de su cara.

## 5. Afilar las herramientas

Para que su taller de carpintería sea seguro y sus herramientas eficaces, debe mantener los bordes de sus herramientas afilados. Aunque hay muchas maneras de afilar sus herramientas, puede seguir estos pasos de afilado para principiantes que le ayudarán a empezar a mantener sus herramientas. Este método sólo requiere que tenga algunas piedras de agua, una plantilla y unos minutos.

**a.** Conseguir la espalda plana

Aunque algunas de las cuchillas que tiene en su tienda ya vienen con el lomo plano, querrá asegurarse de que están pulidas. Para ello, coloca un imán sobre el bisel para ayudarte con el agarre. A continuación, trabaja en la parte posterior de la herramienta con una piedra de agua de grano 1000, y luego sigue con una piedra de grano 4000. Termina el pulido con una piedra #8000. Si crees que la parte trasera necesita un pulido extra, utiliza una lija del nº 80 para terminar el trabajo.

**b.** Asegúrese de que el bisel es cuadrado

Si el bisel primario de su herramienta no es recto en una superficie plana, vuelva a afilarlo siguiendo el paso anterior.

**c.** Utilizar la plantilla para la hoja

La mayoría de las cuchillas necesitarán una guía de afilado lateral o una plantilla con una rueda estrecha. Con esta plantilla, puede utilizar su dedo para aplicar presión cuando quiera afilar el filo recto, o alternativamente utilizar una ligera inclinación. A continuación, coloque la hoja del cepillo en la plantilla a unos 30 grados.

**d.** Afilar el bisel secundario recto

Utilice dos dedos para aplicar presión en la esquina de la hoja colocada contra una piedra de agua de grano 1000. Una vez que esté en posición, tire hacia atrás del cuchillo que pretende afilar hacia usted unas diez veces. Después de afilar, palpe el filo de la hoja por si tiene rebabas o metal enroscado, normalmente causados por arañazos en el metal. Si hay rebabas, continúe afilando la hoja con una piedra de agua de grano 4000, y luego termine con una piedra de agua de grano 8000.

# CONCLUSIÓN

*Gracias por leer todo este libro!*

Hemos llegado al final de nuestro tiempo juntos. Espero que este sea el comienzo de tu viaje por la carpintería. Esta es una de esas habilidades que encontrarás de valor incalculable. Piensa: ¿quieres una librería nueva? Hágala usted mismo. ¿Necesitas una mesa de trabajo moderna? Hágalo usted mismo. ¿Quieres una nueva terraza para el patio? Hágalo usted mismo.

Con esta habilidad, puedes hacer prácticamente cualquier cosa de madera que quieras. Además, puedes hacerlo por una fracción del coste de comprarlo nuevo o pagar a alguien para que lo haga por ti. Es un ahorro fantástico.

Recuerda que cada proyecto en el que trabajas te enseña a ser un mejor carpintero. Incluso los proyectos fáciles son una oportunidad para aprender. Puedes experimentar con diferentes técnicas, diferentes tipos de madera y diferentes herramientas. Siempre puedes cambiar cualquier paso de un proyecto para ver cómo un ligero cambio altera su flujo. Te permitirá encontrar aquellos pasos en los que puedes tomar atajos o aquellas herramientas que te encanta utilizar. Tal vez no te guste utilizar una sierra circular y prefieras hacer los cortes con una sierra de calar. Eso está perfectamente bien y depende de ti.

Sea cual sea el camino que sigas, asegúrate de no abandonar esta habilidad. Practica la fabricación de sillas, mesas, macetas o utensilios de cocina. Encuentra aquellos proyectos que consideres más divertidos y dedícate a mejorar tus habilidades, y descubrirás que te recompensa tanto en los nuevos productos que hagas como en el propio acto de hacerlos. Para mí, la mejor parte de la carpintería es el trabajo en sí de la madera, el olor de un corte fresco o el aspecto de una pieza recién teñida o cuando eres capaz de medir una tabla justo para obtener todos los detalles cortados y así ahorrar otra tabla para su uso posterior. Para mí, estas son las mejores partes: encontrar la parte que más te gusta y guardarla en tu corazón.

En este libro, hemos visto brevemente cómo empezar a trabajar la madera y qué herramientas necesitamos. Siempre hay más herramientas para comprar, si así lo deseas, al igual que hay una docena de tipos de madera diferentes con los que jugar. Hemos visto otras técnicas, pero apenas hemos arañado la superficie de lo que hay que aprender. Hicimos proyectos de almacenamiento, proyectos de interior y proyectos de exterior, pero incluso éstos son sólo una gota en el océano de posibilidades que ahora reside en tus manos gracias al tiempo que has dedicado a la carpintería.

*Ya ha dado un paso hacia su mejora.*

***Mis mejores deseos.***

Lightning Source UK Ltd.
Milton Keynes UK
UKHW010634250621
386141UK00010B/360

9 781801 743488